La légende du Dragon des neiges

Texte
Otto Cavour

Illustrations
Sacco et Vallarino

nuinui jeunesse

Si vous avez un jour l'occasion de passer des vacances d'hiver en Suisse à Saint-Markutius, je vous conseille de descendre à l'Hôtel Edelweiss. En regardant par la fenêtre de la chambre 103, vous verrez une foule d'enfants s'amuser à exécuter d'acrobatiques sauts à ski sur un tremplin.

Baptisé
LE SAUT DU DRAGON,
ce tremplin doit son nom à une étrange histoire remontant à bien des années en arrière.

Riant petit village avec beaucoup de magasins et de touristes, Saint-Markutius avait vu sa population de mille âmes, voire plus, passer à seulement quarante-six habitants, dont huit enfants.

L'unique occupation des villageois consistait à déblayer la neige et à rebâtir les maisons qui, presque chaque jour, disparaissaient sous une avalanche.

Au sommet de la montagne surmontant Saint-Markutius vivait un **dragon**.

Gigantesque, sans ailes et recouvert d'une blanche fourrure.

C'était lui la cause de tout ce chaos.

« Ça suffit, on n'en peut plus », ne cessait de répéter le maire.

« À chaque fois que cette créature part à la chasse, joue ou éternue, elle provoque une avalanche. Il doit bien y avoir un moyen de l'en empêcher. »

Il enrôla alors une grande armée de soldats et de chasseurs de **dragons**...

... qui se lancèrent à la poursuite de l'énorme monstre, armés de lances, de filets, de fusils et de flèches.

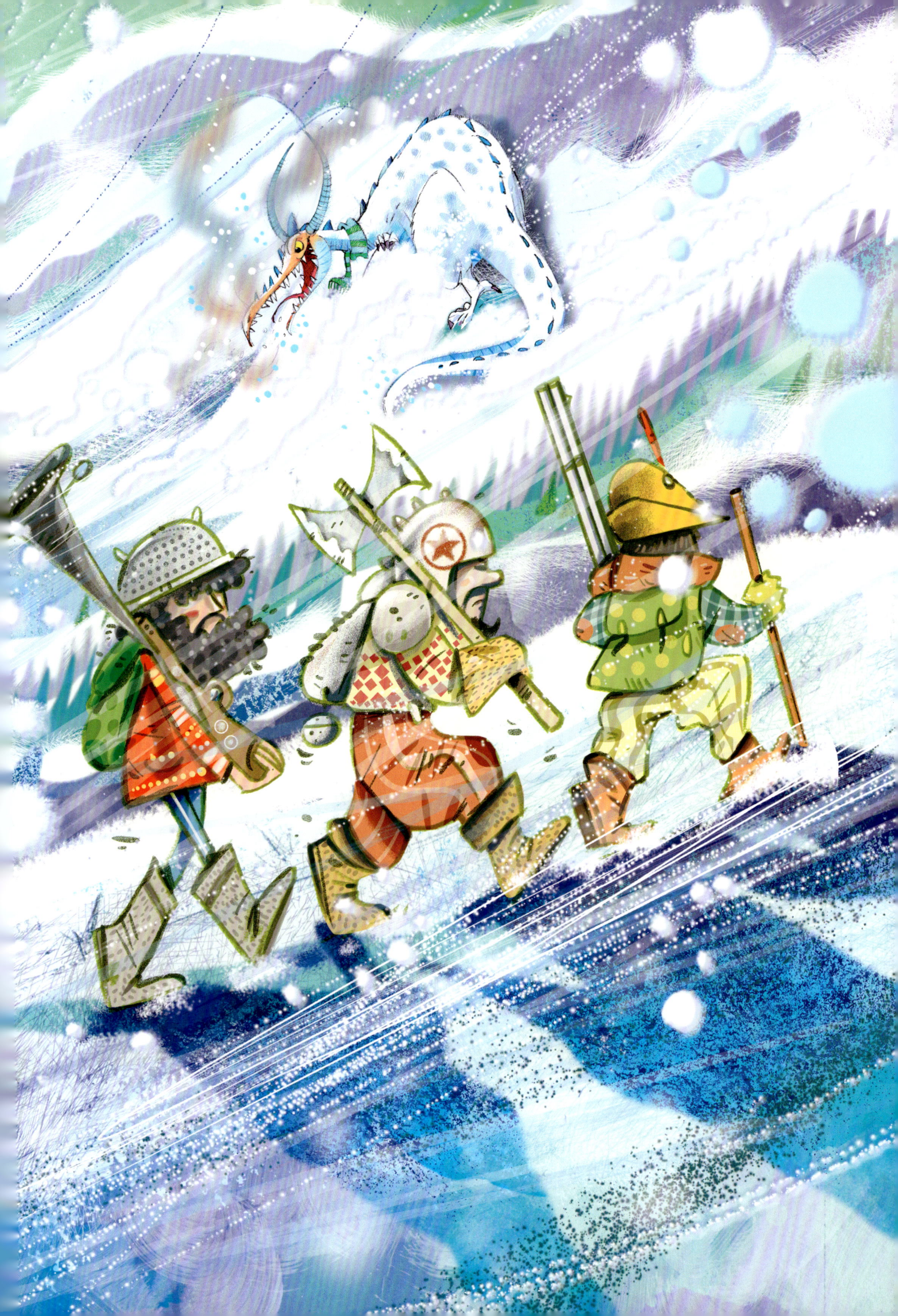

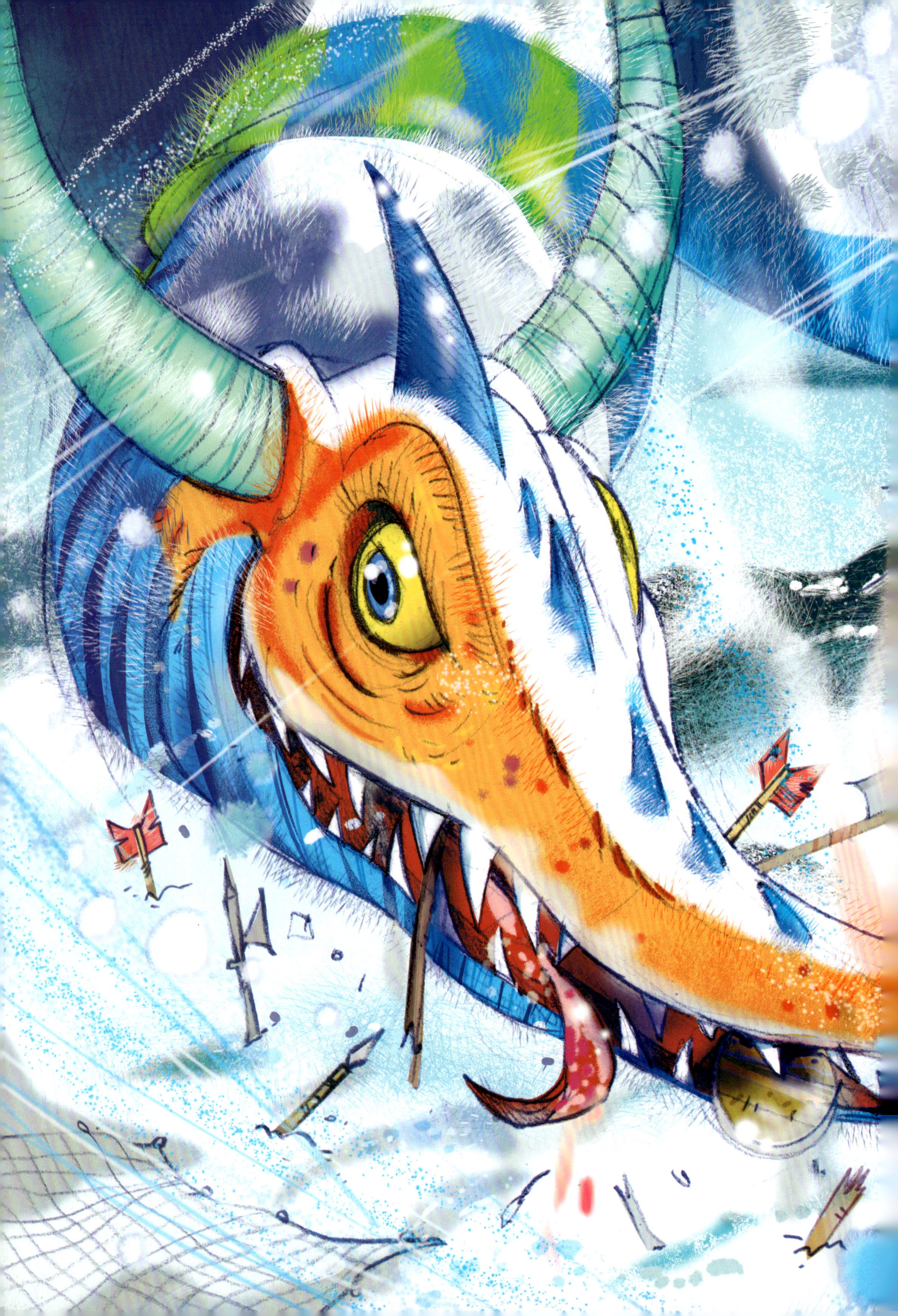

Mais en vain.

« Nous devons agir », dit Fritz,
l'un des huit enfants du village.
« Je n'ai pas l'intention de partir. Et vous ? »
« Nous non plus ! »,
s'exclamèrent les autres.

« Alors, écoutez : j'ai un plan... »

Ils se retrouvèrent à l'aube devant le chalet de Fritz, s'attachèrent les uns aux autres avec une corde, fixèrent solidement leurs skis sur leurs sacs à dos et se mirent en route.

Défiant le vent et le froid glacial, ils commencèrent à grimper vers le sommet de la montagne.

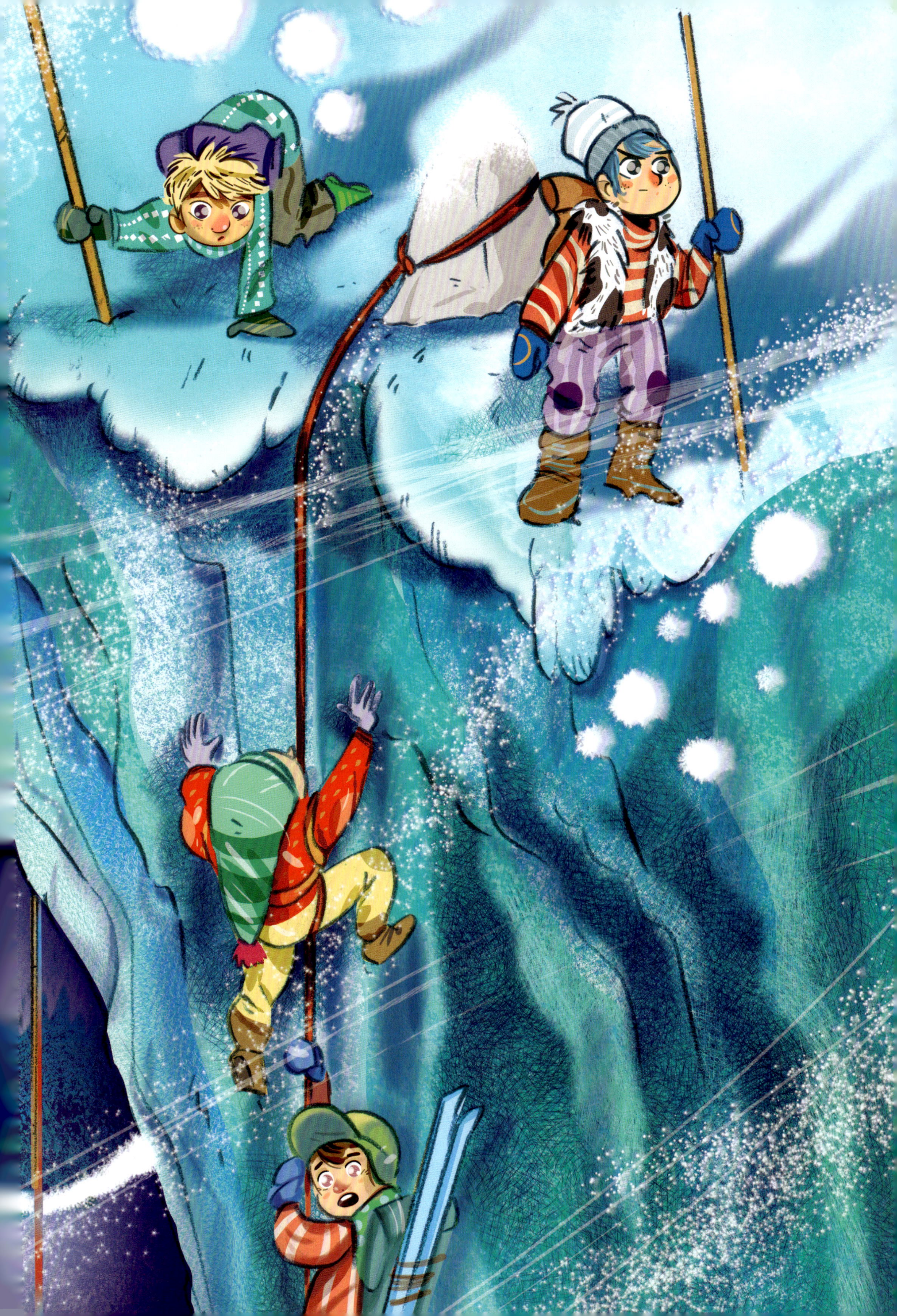

Ils avaient presque atteint la cime quand...

« **Au secoooouuurs !** »,
hurla Fritz avant de disparaître dans une crevasse en entraînant les autres à sa suite.

La chute fut plus brève que prévu car c'était un trou de seulement quelques mètres de profondeur.

Ils étaient encore en train de vérifier que tout le monde allait bien quand le museau du **dragon** surgit au-dessus d'eux.

« Quels imbéciles ! Pour vous capturer, je n'ai même pas eu besoin de fabriquer un piège, vous êtes tombés dans l'empreinte de ma patte », déclara le dragon en riant. « Maintenant, je vous emmène avec moi. »

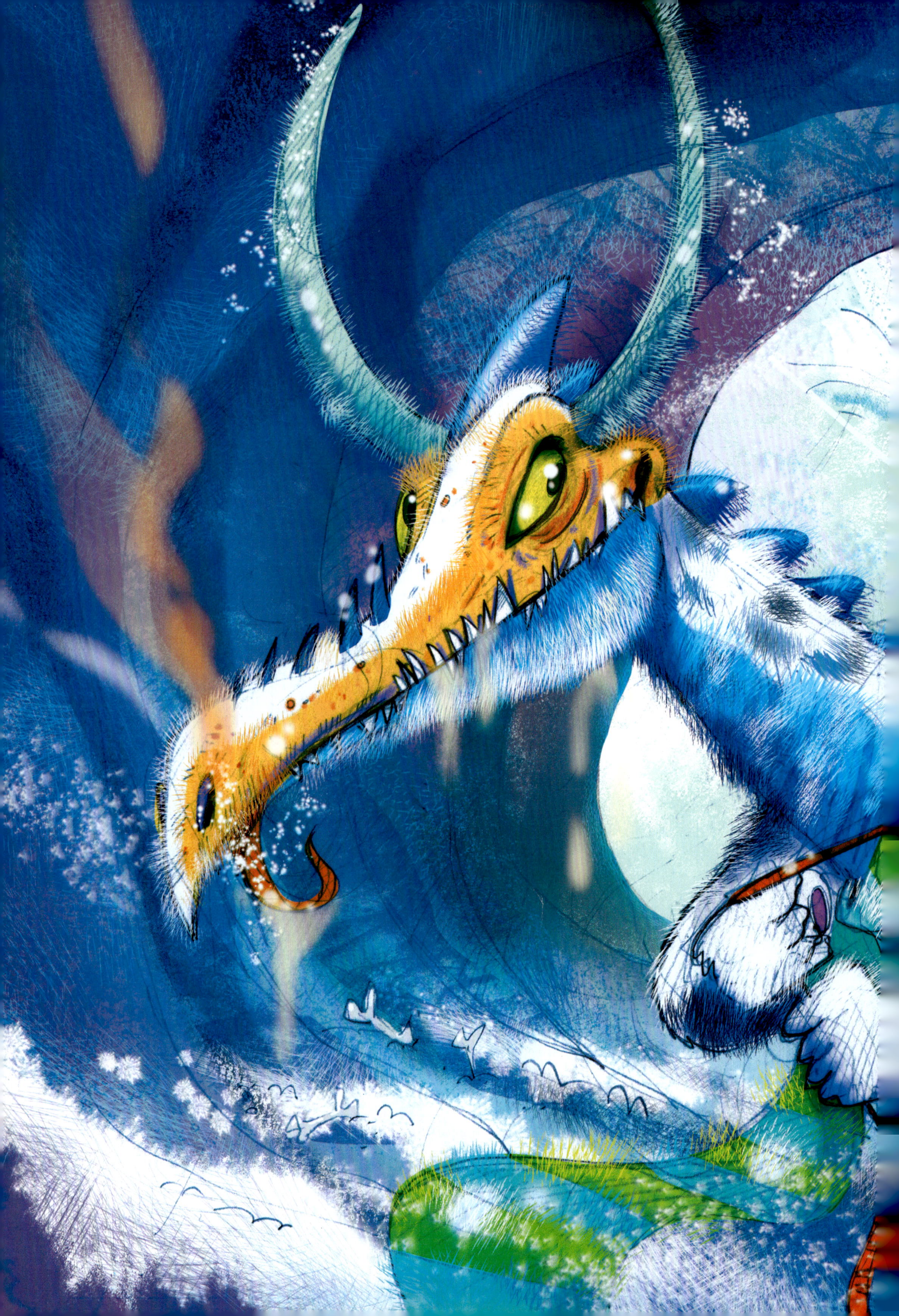

Il saisit la corde reliant les enfants entre eux et entreprit de les traîner jusqu'à sa tanière.

« J'ai une idée », murmura Fritz. « À mon signal, suivez-moi... Un, deux, trois ! » Et il se mit à courir autour des pattes du **dragon**.

**Comprenant les intentions de Fritz,
ses amis le rejoignirent dans cette étrange ronde.
En un instant, le dragon se retrouva les pattes prises
dans la corde, perdit l'équilibre
et glissa au fond d'un ravin.**

Il allait s'écraser quand une brusque secousse freina sa chute.

Les enfants avaient attaché l'extrémité de la corde à un gros rocher, et le dragon se retrouva suspendu la tête en bas.

« Je ne veux pas mourir », suppliait le dragon. « Sauvez-moi, je vous en prie ! Au secours ! »

« Nous te sauverons seulement si tu promets de ne plus provoquer d'avalanches et qu'à l'avenir, tu joueras toujours avec nous ! »

« Je le promets », pleurnicha le dragon.
« Je ferai tout ce que vous voudrez. »

Tous ensemble, les enfants tirèrent sur la corde et remontèrent doucement le dragon.

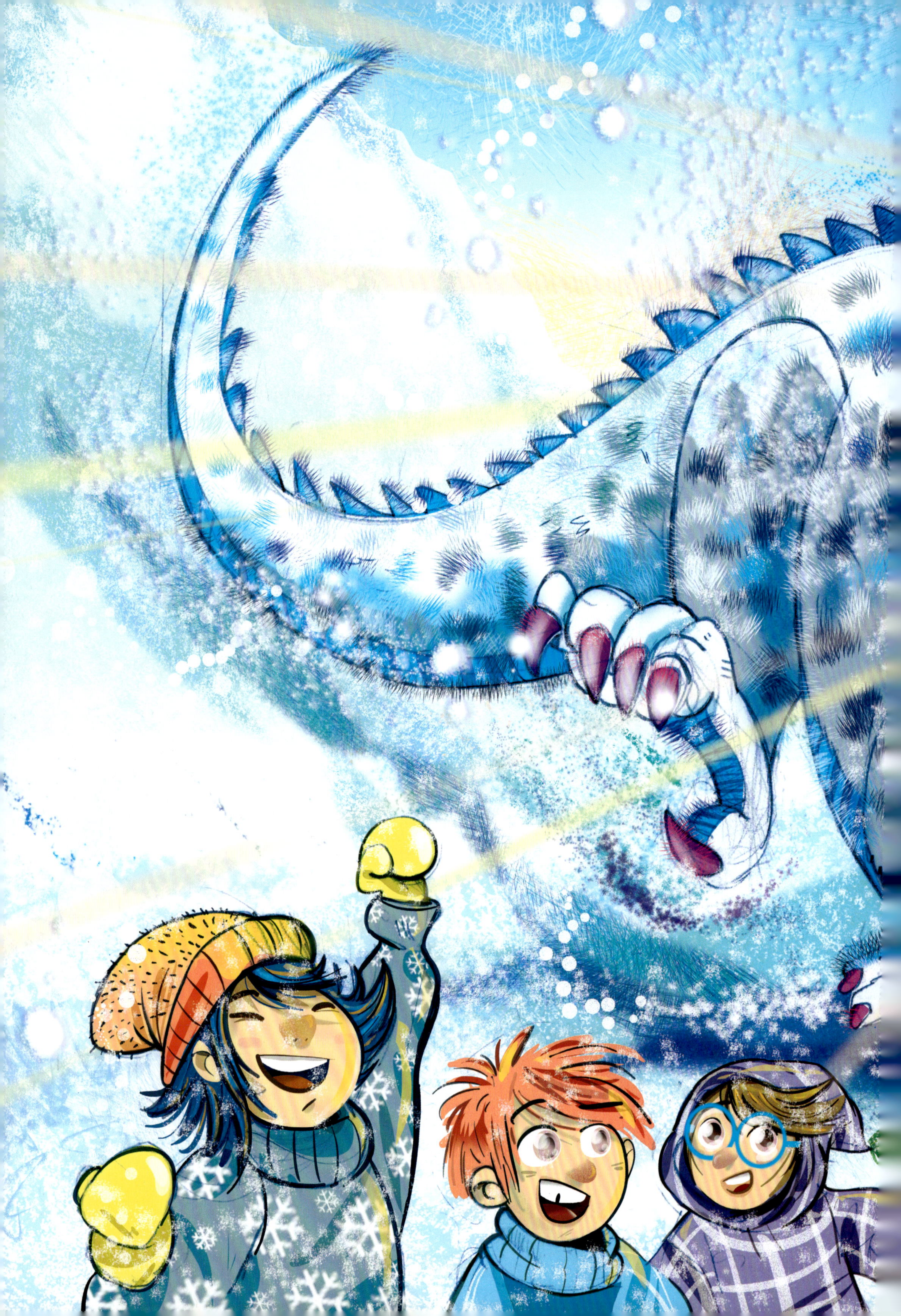

Cette malheureuse aventure une fois terminée, tous rirent de bon cœur, enchantés par la naissance de cette amitié nouvelle.

Le dragon prit dès lors bien soin d'éternuer en mettant la patte devant sa bouche et apprit à marcher sur la pointe des pieds, en veillant à ne pas déplacer le moindre flocon de neige pour éviter de provoquer une avalanche.

Chaque jour après l'école,
les enfants n'avaient
de cesse de le retrouver pour
s'amuser avec lui au nouveau
jeu qu'ils avaient inventé.

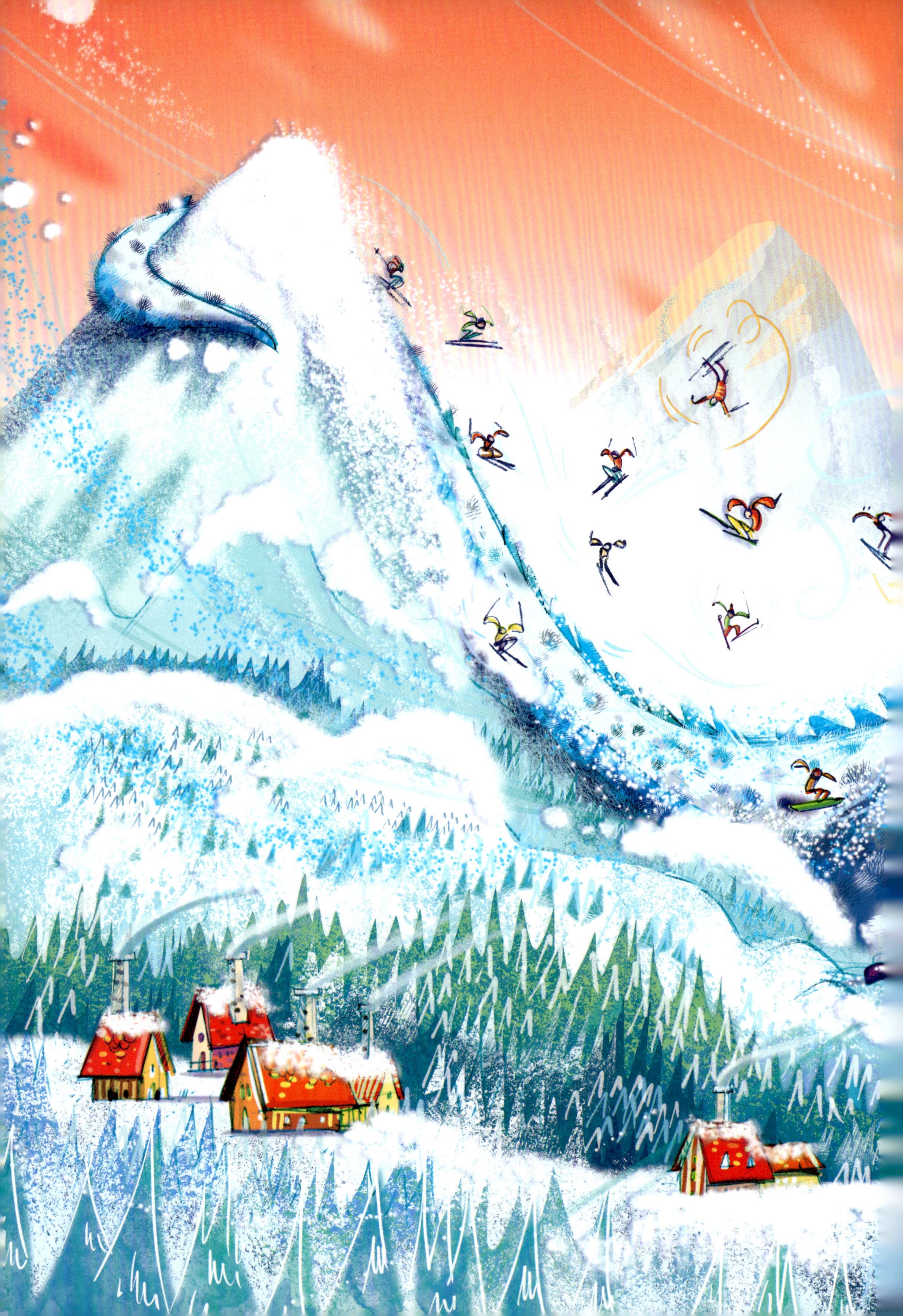

Le dragon s'étendait à flanc de montagne et les enfants, partant du bout de sa queue, s'élançaient à toute vitesse avec leurs skis pour prendre leur envol et jouer à qui ferait le plus grand saut en longueur.

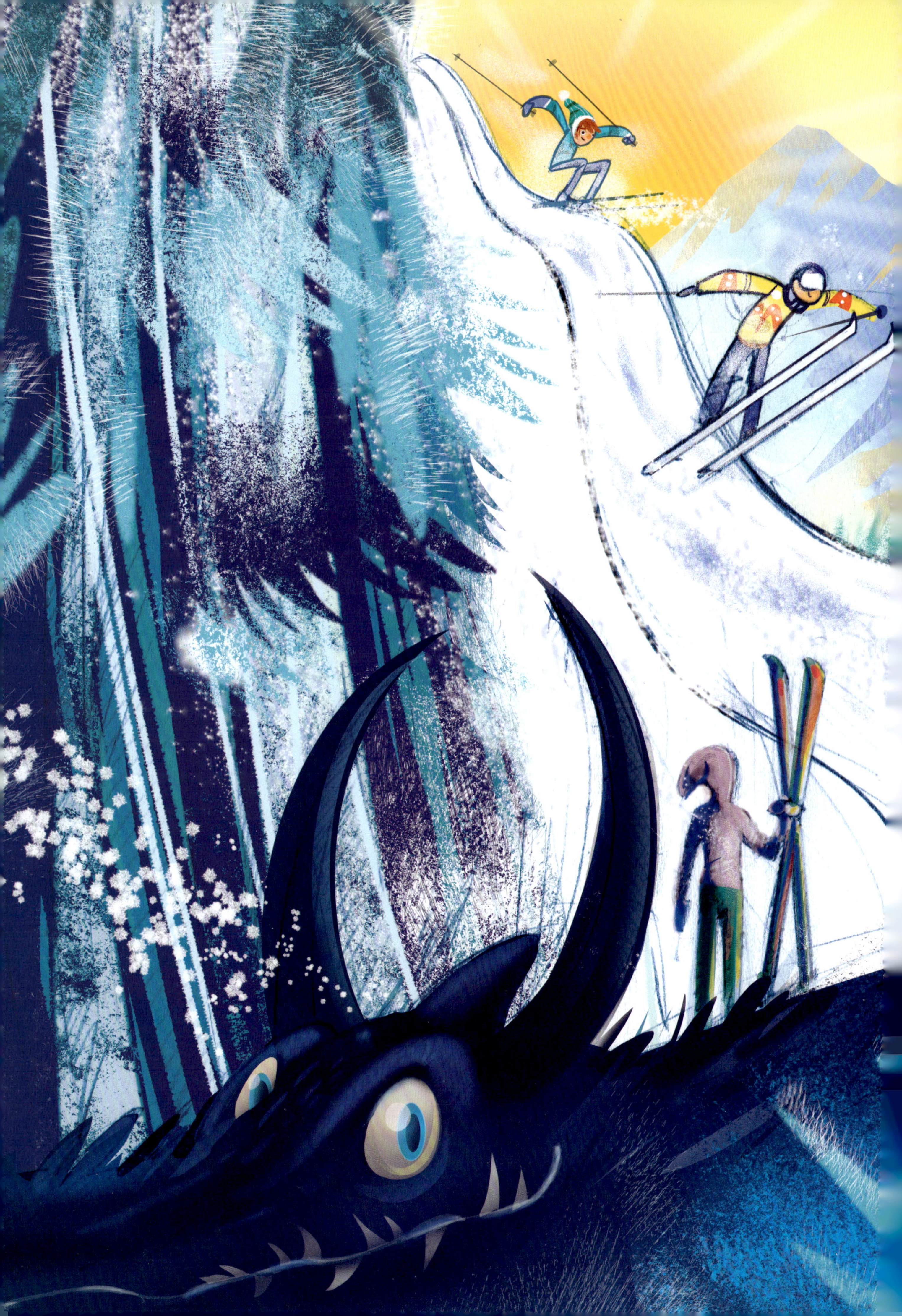